CONSTRUCTION

NOUVELLE

DE

TROIS MONTRES PORTATIVES;

D'UN NOUVEAU BALANCIER,

en forme de Croix, qui fait les Oscillations
des Pendules tres-petites;

D'UN GNOMON SPECULAIRE,

pour regler juste au Soleil les Pendules
& les Montres;

D'UN INSTRUMENT,

qui donnera lieu aux Peintres de faire leurs
Ouvrages plus parfaits;

ET AUTRES CURIOSITEZ.

Par M. l'Abbé DE HAUTE-FEUILLE.

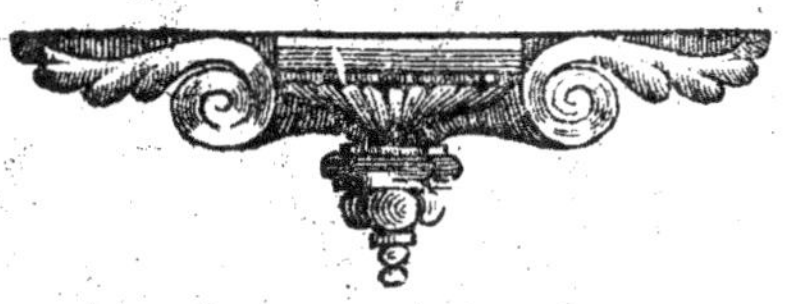

M. DCCXXII.

Monsieur,

J'ai eû deſſein autrefois de faire un Traité d'Horlogerie & de la meſure du tems. J'en ai publié le projet dans mon *Factum* touchant les Pendules de poche, dans mon ſentiment ſur le differend du Pere Malebranche touchant l'aparence de la Lune vûë à l'Horizon, imprimé en 1694. où j'en parle de cette maniere : Je travaille à un Traité d'Horlogerie "
dans lequel j'explique de cet Art tout ce qui a raport à la meſure du "
tems, les differens moyens qu'on a inventez juſqu'à preſent pour le "
meſurer avec exactitude. J'y donnerai la deſcription d'une nouvelle "
Montre portative, fondée ſur un nouveau principe d'égalité, tiré des "
Loix de la Nature & du mouvement, qui eſt different du principe des "
vibrations des Reſſorts. Les Montres de cette façon n'auront point de "
Roüe de rencontre ni de Rochet, point de Palettes au Balancier, point "
de Reſſort droit ou ſpiral, ou de toute autre figure qui en regle les "
allées & les venuës par leurs vibrations, & elles auront quelques-autres "
proprietez que n'ont pas celles qui ſont en uſage maintenant. "

J'y enſeignerai auſſi la fabrique d'un nouvel Inſtrument pour propor- "
tionner avec une tres-grande exactitude la Fuſée au Reſſort, qui eſt "
une choſe de la derniere conſequence. J'oſe dire que cet Inſtrument "
mettra l'Horlogerie dans un tres-haut degré de perfection, & qu'il "
donnera une connoiſſance certaine de la juſteſſe d'une Montre avant "
que de l'avoir miſe en mouvement & de l'avoir vûë cheminer. "

J'ajoute enſuite : Si on ne me fait pas juſtice, je ne publierai point "
ces nouvelles Inventions, & j'aurai cette raiſon pour me diſculper "
auprès du Public & de la poſterité, de les avoir laiſſé perir & quelques- "
autres que j'ai imaginées ſur differens ſujets. "

De tres-habiles gens ont travaillé depuis ſur ce ſujet, & entr'autres le R. P. Alexandre Religieux Benedictin d'Orleans, qui en a compoſé un *In Quarto*, lequel ſera bien-tôt imprimé. En liſant le Livre intitulé, Régle artificielle du Tems, par H. Sully, Allemand de Nation, j'ai particulierement examiné ſon Diſcours, contenant la deſcription d'une Montre de nouvelle conſtruction, où il deſaprouve la maniere dont la Roüe de Rencontre eſt diſpoſée, parce qu'elle a un peu de jeu, & qu'en differentes poſitions elle peut s'aprocher ou s'éloigner des Palettes du Balancier, ce qui en rend le mouvement inegal. Pour éviter ce défaut, il donne aux Roües un nouvel arrangement, dont l'explication eſt obſcure & confuſe, renvoye à des Figures qui ne ſont point dans ſon Livre, promet qu'elles ſeront gravées inceſſamment, & d'y ajoûter des éclair-

A

giſſemens. On m'a écrit qu'elles ne l'ont jamais été , & que ceux-ci n'ont point paru.

Conſiderant l'aprobation que Meſſieurs de l'Academie Royale des Sciences ont donné à la Montre de cet Auteur , & qu'ils eſtimoient l'arrangement de ſes Roües , je me ſuis apliqué à le deviner ou à en inventer un autre que le ſien. J'en ai trouvé trois manieres ; la premiere s'eſt preſentée à mon eſprit , en me reſſouvenant de deux Montres qu'avoit un grand Seigneur , qui alloit ſouvent à la Chaſſe du Cerf ; le Balancier dans l'une étoit grand & peſant ; celui de l'autre petit & leger. La premiere alloit aſſez juſte étant en repos , mais à la Chaſſe elle avançoit ou retardoit inegalement. La ſeconde ſe trouvoit au retour de la Chaſſe paſſablement juſte ; mais en repos elle étoit inferieure en juſteſſe à la précédente.

J'en examinai la cauſe , & j'aperçûs facilement que celle qui avoit un grand Balancier peſant , ſouffroit des ſecouſſes à la Chaſſe & en Poſte , leſquelles augmentoient le frotement des pivots & le tremouſſement du Reſſort ſpiral , ce qui en rendoit les vibrations inegales. Celle dont le Balancier étoit petit & leger , n'ayant point ces violents contre-coups , devoit aller plus juſte. Il me vint en penſée que pour donner la même juſteſſe à celle qui avoit un grand Balancier peſant , & pour l'empêcher de ſouffrir des ſecouſſes , il falloit l'ôter , & mettre en ſa place deux Balanciers legers , avec chacun leur Reſſort ſpiral ; que par ce moyen cette Montre ſeroit juſte à la Chaſſe & en repos. J'en parlai à un Horlogeur de Province aſſez intelligent , qui aprouva cette idée , entreprit d'executer ces deux Balanciers , de mettre des dents à leur circonference , & de les faire engrener enſemble ; enſorte que celui qui avoit deux Palettes meneroit l'autre qui n'en avoit point. Il devoit y travailler inceſſamment ; mais ce grand Seigneur étant parti pour la Cour , où je le ſuivis , on n'y penſa plus.

En cherchant le moyen de faire une Montre dans laquelle les Axes de toutes les Roües ſoient paralleles , j'en ai trouvé un qui exige neceſſairement d'avoir deux Balanciers. Je ſuprime la Roüe de Rencontre , & en ſa place je mets une Roüe à Rocher ou à Rochet , ſuivant l'expreſſion des Artiſans , dont l'Axe eſt parallele à celui du Balancier , chaque dent en pouſſe la Palette , & l'oblige de tourner à droit ou à gauche ; je place un Balancier de l'autre côté , & proche la dent diametralement opoſée à la précédente , qui le fait tourner dans un ſens contraire , parce que la circonference de ces deux Balanciers eſt dentée , qu'ils engrennent enſemble , & que l'un ne peut tourner ſans faire tourner l'autre. Chaque Balancier n'a qu'une Palette ; mais les deux ſont placées à angle droit , &

de telle maniere , que quand l'une entre dans la dent, l'autre en fort. Je fais une Roüe moyenne de la Roüe de Champ , & toutes les autres demeurent en même état.

Dans ma seconde maniere il n'y a qu'un Balancier, deux Roües dont les dents font faites en Rocher , doivent être posées l'une fur l'autre , arrêtées par un tenon ou apui qui est entre deux , enforte que leurs axes paroissent comme un feul. Ces deux Roües tournent dans un fens contraire, leurs pignons étant menez par une Roüe dont l'axe est perpendiculaire aux autres , une Roüe de Champ la fait agir , & celle-ci est mûe par les fuivantes.

La troisiéme maniere est fondée fur la fabrique des Pendules d'Angleterre à petites vibrations , dans lefquelles une Roüe à Rocher fait l'office de la Roüe de Rencontre ; fes dents élevent & abaiffent alternativement un Arc de cercle , à l'axe duquel la fourchette est attachée. Supofé qu'une Montre foit faite fuivant cette construction , que la Roüe de Rencontre foit à Rocher, que fur l'effieu de l'Arc du cercle qui doit être équilibre , il y ait une portion de Roüe , dont les dents engrennent dans un pignon pofé fur l'Arbre du Balancier, où le Reffort fpiral foit attaché , il fera un demi tour, ou trois quarts, ou même un tour entier, fuivant la proportion du nombre des dents de cette Roüe & de ce pignon. Si le Balancier & le Reffort fpiral étoient attachez fur l'axe de ce cercle, les vibrations en feroient fort petites. Quelques années après que j'eus inventé le Balancier à longues Palettes , il me vint en penfée d'introduire dans les Montres l'ufage des petites vibrations ; je reconnus par plufieurs experiences qu'elles les rendoient tres-juftes étant en repos , mais fort inegales dans le mouvement & les grandes agitations.

Il est évident que dans la premiere & la troisiéme maniere , les axes de toutes les Roües font paralleles , que les dents qui frapent les Palettes n'en peuvent être plus éloignées ou plus proches en fufpendant la Montre ou étant pofée fur une table , & qu'elle a tous les avantages de la Montre de M. Sully. Je ne fçai fi l'arrangement qu'il a imaginé est plus parfait qu'aucun de ces trois, qui donneront lieu aux Sçavans de trouver le plus parfait des poffibles. L'augmentation des pivots me paroît plus nuifible à la juftefse , que le jeu de la Roüe de Rencontre, qui dans les Montres bien faites est prefque infenfible. Quelques-uns ont defaprouvé la magnifique aprobation que Meffieurs de l'Academie lui ont donnée , mais à tort ; les Inventeurs des Arts & ceux qui les perfectionnent font chers au Public ; un Eloge & des loüanges font peu de chofe , & ne fuffifent pas pour les récompenfer. Si la juftice & la raifon étoient les vertus dominantes de ce fiécle , on leur accorderoit des récompenfes pécuniaires

4

proportionnées à l'utilité de leurs Inventions. La diminution du Pivot superieur de la Fusée, est un inconvenient plus nuisible que l'inegalité du frottement, par le danger d'une prompte usure. La double Fusée sur un même arbre, dont j'ai donné les Figures dans un de mes Ouvrages imprimé en 1719. remedie parfaitement bien à ce défaut, & réduit le frottement à une parfaite égalité, ce que M. Sully a crû impossible. Je suis surpris que ce Sçavant dans la pratique & la speculation ne parle point des Montres à huit jours, dont l'usage seroit tres utile; l'incommodité de remonter chaque jour à la même heure, & l'oubli qui arrive fort souvent, est un desagrément plus considerable que d'avancer ou retarder de quelques minutes. J'en ai fait faire une par un habile Maître de Paris, qui y réüssit médiocrement; je la réctifiai par une Table d'Equation, ou plûtôt d'inegalité, que je collai dans la boëte. Il y a bien des années que j'ai proposé de faire des Pendules solaires, qui suivent le mouvement inegal du Soleil, en élevant ou abaissant la Lentille ou le petit poids mobile. Quelques curieux en ont fait des essais.

Le moyen de régler les Horloges & les Montres par les vibrations d'un Ressort, est au sentiment de tout le monde la plus utile Invention après les Pendules, & bien au-dessus de tout ce que M. Sully a inventé; cependant on n'y a donné aucune loüange dans le Certificat qui m'en fut délivré. Je vous en envoye une Copie.

Certificat de l'Académie Royale des Sciences.

Je ne sçai si tous les Sçavans demeurent d'accord que la Pendule seroit le meilleur & le plus facile de tous les moyens, pour avoir sur mer une connoissance certaine des Longitudes; suposé que l'agitation des Vaisseaux n'alterât point son mouvement, qui est une chose que l'on n'a pû éviter jusqu'à present. Plusieurs sont de ce sentiment, & en étant prévenu, j'ai crû que si on pouvoit inventer une Horloge, dont la justesse fut égale à celle des Pendules, & qui n'en eut point le défaut, de ne pouvoir être mûë & renversée sans s'arrêter, on auroit infailliblement trouvé le secret des Longitudes. Dans cette pensée j'imaginai plusieurs especes de Pendules simples à vibrations; il n'y en eut point qui me satisfit davantage que celui qui est fait d'une lame d'acier tres-mince & tres-délicate, attachée fortement au corps de l'Horloge & au Balancier, qui a le même mouvement qu'un Pendule ordinaire, mais qui n'interrompt point ses vibrations, quelque situation qu'on lui donne.

Pour en faire l'experience, je m'avisai de joindre à une Horloge à Balancier que je voulois changer en Pendule, une lame de fer assez plate d'environ trois pieds; j'aperçûs que le mouvement en étoit fort

reglé , & l'ayant examiné avec un Pendule simple de la longueur necessaire, j'y trouvai tres-peu de difference ; j'avois autant sujet d'attribuer
cette petite inegalité au Pendule qui n'étoit point suspendu entre des Cy-
cloïdes, qu'au Ressort dont je me servois. Je voulus pousser l'experience plus
avant, & voir si en augmentant le poids, cette machine auroit le bel avan-
tage des Pendules, de rester presque égales, quoiqu'on y ajoûte du poids.
Après cela j'eusse plus douté que cette Invention étoit la plus utile de
toutes celles que l'on pouvoit inventer sur ce sujet ; mais j'aperçûs que l'ex-
tremité de mon Ressort faisoit bien plus de chemin , & que les vibrations
en étoient plus frequentes.

Il semblera d'abord que cette inégalité de mouvement & ces autres défauts
que j'ai moi-même experimentez, suffisent pour prouver l'inutilité de cette
Invention ; mais je prie aussi de considerer que la machine étoit fort grossiere,
qu'aucune piece n'avoit été faite exprès, & que je me servois de tout ce que je
pouvois rencontrer , dans l'empressement où j'étois d'en voir le succés.

Si on s'arrête à la speculation , le P. Pardies & quelques-autres ont démon-
tré que les vibrations des Ressorts étoient égales en tems, outre qu'il ne seroit
peut-être pas impossible d'y ajoûter une Cycloïde s'il en étoit besoin, quand
bien même elle ne pourroit s'executer, & qu'en ajoûtant du poids considerablement , les vibrations en soient inégales. Je ne doute point que si on fait les
Montres de poche selon ce moyen, elles ne soient beaucoup plus justes, &
qu'une Horloge de cette façon ne soit d'un grand usage sur Mer pour rectifier les Pendules.

Il y a plusieurs manieres d'apliquer & de mettre ce Ressort en mouvement, que je ne raporterai point, les Ouvriers trouveront plusieurs moyens
de mettre en pratique cette machine.

Facile est Inventis addere.

L'Ecrit ci-dessus a été presenté à l'Academie des Sciences par Monsieur de
Haute-Feüille , le 7. Juillet 1674. pour être examiné.

Signé , GALLOIS , Secrétaire de l'Assemblée.

On ne me donna point de Commissaires pour examiner cette Invention ; on
n'en dit aucun bien , ce qui m'empêcha d'en faire de nouvelles experiences
plus parfaites , & d'y penser davantage. M. Hugens se l'étant attribuée cinq
mois après, & en ayant obtenu un Privilege , je voulus avoir le Certificat de
mon Memoire ; je le demandai avec empressement , on me remit plusieurs
fois , enfin il me fut délivré.

Aussi-tôt que je l'eus reçû , je formai oposition au Privilege. Après les
Plaidoyers des Avocats & autres procedures, le Parlement apointa l'affaire.
Je fis dans la suite proposer un accommodement à M. Hugens , de me donner

la moitié du profit, ou de le laiſſer tout entier à l'Academie des Sciences, pour être employé à faire les Experiences des Inventions nouvelles qui y ſeroient propoſées, & celles que les Academiciens trouveroient; je n'en reçûs aucune réponſe. M. l'Abbé Gallois qui demeuroit alors chez M. Colbert, ami particulier de M. Hugens, lui fit obtenir un Arreſt du Conſeil d'Etat. Je vous en envoye une Copie, elle eſt digne de vôtre curioſité, & vous en pouvez tirer des conſequences qui vous feront plaiſir.

Extrait des Regiſtres du Conſeil d'Eſtat.

Sur la Requéte preſentée au Roy en ſon Conſeil par le ſieur Hugens de Zulichem de l'Academie des Sciences, contenant que Sa Majeſté par ſes Lettres patentes du 15. Fevrier 1675. lui auroit accordé le Privilege de faire fabriquer des Horloges portatives d'une conſtruction nouvelle qu'il a inventée, les vendre & debiter pendant l'eſpace de vingt années, à l'excluſion de tous autres, leſquelles Lettres ledit Hugens ayant preſenté au Parlement de Paris, pour les faire enregiſtrer, il auroit ordonné par Arreſt du 12. Mars dernier, qu'avant de proceder à l'enregiſtrement deſdites Lettres, elles ſeroient communiquées au Lieutenant-General de Police & au Procureur de Sa Majeſté au Châtelet, pour donner leur Avis ſur icelles, ce qui auroit obligé le Supliant à ſe pourvoir pardevant eux, où il auroit obtenu Sentence le 30. dudit mois, contenant que ladite Invention eſt utile au Public, & que le Supliant doit joüir dudit Privilege à l'excluſion de tous autres pendant vingt années; en conſequence de laquelle Sentence s'étant derechef preſenté en ladite Cour, il auroit trouvé que le ſieur de Haute-feüille auroit formé opoſition à l'enregiſtrement d'icelles, comme prétendant être le premier Inventeur de cette nouvelle façon de Montres & Horloges, ſuivant le Memoire qu'il en a preſenté à l'Academie dès le mois de Juillet 1674. Sur laquelle opoſition les Parties ayant conteſté en ladite Cour, par Arreſt d'icelle du 17. Juillet dernier, elles auroient été apointées pardevers le Sieur Mandat, Conſeiller en icelle. A ces Cauſes requeroit le Supliant qu'il plût à Sa Majeſté ordonner, que ſans s'arrêter à ladite opoſition, il ſera procedé à l'enregiſtrement deſdites Lettres. Oüi le Raport du Sieur Commiſſaire à ce deputé, & tout conſideré: Le Roy étant en ſon Conſeil, a ordonné & ordonne que ſans avoir égard à l'opoſition dudit de Haute-Feüille, leſdites Lettres patentes ſeront enregiſtrées au Parlement de Paris; enjoint Sa Majeſté à ſon Procureur General d'y tenir la main, & cependant par proviſion Sa Majeſté ordonne que leſdites Lettres ſeront executées, & que ledit Hugens de Zulichem joüira de l'effet d'icelles ſelon leur forme & teneur en vertu du preſent Arreſt, qui ſera executé nonobſtant opoſitions ou empêchemens quelconques. Fait au Conſeil d'Etat du Roy, Sa Majeſté y étant, tenu à Verſailles, le onziéme d'Aouſt 1675. Signé, COLBERT.

Aparemment cet Arreſt a donné lieu à M. de Leibnitz de dire dans ſes Remarques ſur le Livre de M. Sully : Un François nommé M. de Haute-Feüille " intenta même un Procés au Parlement de Paris à M. Hugens, prétendant " que c'étoit ſon Invention, mais il fut debouté. " Il y auroit bien des remarques à faire ſur le Livre de cet habile Horlogeur, je laiſſe ce travail à d'autres ; je dirai ſeulement qu'ayant fait alors preſent de mon Factum à ce ſçavant Geometre, il a eu connoiſſance de mon Memoire, & qu'il devoit en parler, & dire un mot du fondement de ce Procés, lequel n'a pas été jugé.

Le Parlement qui n'avoit fait aucune injuſtice à M. Hugens en apointant, & qui auroit déclaré mon opoſition injurieuſe, fauſſe & deraiſonnable s'il l'avoit jugée telle, & m'auroit condamné aux dépens & à l'amande, ſe trouva ſcandaliſé de cet Arreſt obtenu par faveur, crut qu'il étoit un attentat à ſon autorité, y aperçût des nullitez, qu'il devoit être contradictoire, que j'aurois dû être apellé au Conſeil d'Etat pour y dire mes raiſons. M. le Premier Préſident en parla au Miniſtre, lui expoſa mon bon droit, qu'il valoit mieux laiſſer joüir le Public de cette Invention, & me donner une recompenſe, ce qui engagea M. Colbert de faire dire à M. Hugens d'abandonner ſon Privilege. Les Horlogeurs de Paris ne ſe mirent point de la partie, & n'intervinrent dans ce Procés en aucune maniere, ni en corps, ni en particulier, comme l'aſſure fauſſement M. de laHire dans ſon Memoire de l'Hiſtoire de l'Academie des Sciences de l'année 1717. où il a l'impudence & la malice de dire que cette affaire s'eſt paſſée entierement ſous ſes yeux, qu'il en peut parler " avec certitude, que cette Invention fut propoſée à Paris ſeulement de vive " voix par M. l'Abbé de Haute-Feüille fort fecond en Inventions mechaniques. " En me faiſant un petit honneur, il m'en ôte un grand. M. Hugens convient dans ſa Requête au Roy, que j'ai preſenté un Memoire à l'Academie, & M. de la Hire aſſure que cette Invention fut propoſée ſeulement de vive voix ; n'eſt-ce pas une mauvaiſe foy & une malice noire évidentes ?

Il eſt ſurprenant qu'ayant lû ſon Diſcours en pleine aſſemblée, comme il ſe pratique ordinairement, quelqu'un ne l'ait pas averti de cette fauſſeté. M. de Fontenelle que j'ay connu un fort honnête homme, peut facilement ne s'être pas ſouvenu de mon Memoire, parce que les Regiſtres où il doit être ne ſont point de ſon tems ; mais M. de la Hire eſt inexcuſable, & on ne peut l'attribuer à un manque de memoire. Il en parle trop pertinemment. Cet Arreſt ayant été imprimé & ſignifié juridiquement ſur du Papier timbré à chaque Horlogeur de Paris, il n'a pû l'oublier, c'étoit une choſe de notorieté publique, pour peu qu'il eut voulu s'en informer, mille gens l'auroient inſtruit. Son intention a été de me nuire, & de m'ôter l'honneur de cette Invention.

Si l'Academie m'eut donné des Commiſſaires pour l'examiner, & ces Meſſeurs une aprobation auſſi avantageuſe que celle de M. Sully, ou un peu moins, j'aurois demandé au Roy un Privilege ; fupofé que je l'euffe obtenu, il auroit été fait tres-expreffes inhibitions & défenfes à toutes perfonnes de conftruire des Horloges & des Montres reglées par les vibrations d'un Reffort, en quelque forte & maniere que ce foit, fous pretexte d'augmentation, cor-rection ou changement quelconque, expreffion ordinaire de tous les Privile-ges. Il auroit donc été défendu d'en faire avec un Reffort fpiral ou figuré en Ondes, quoique ces termes ne foient point dans mon Ecrit, parce que ces Figures ne font qu'une addition & un changement au principe que j'ai propofé, qui peut être diverfifié en plufieurs manieres. Par la même raifon Meffieurs Hugens & de la Hire n'ont pas droit de fe dire Inventeurs, mais feulement Perfectionnateurs, dont je conviens, & qu'ils ont été de tres-fçavans Geo-metres. Je foufcrirois même volontiers, à ce que dit M. de Leibnitz dans les Actes de Leipfic, en ces termes : *Ego Hugenium Galilæo Cartefioque folo tempore poftpono*, fi ce n'étoit pas une loüange outrée & même équivoque. M. Hu-gens a peut-être plus aprofondi que Galilée & Defcartes, certains endroits de la Geometrie, & ceux qui ont raport à la Cycloïde ; mais en Philofophie & dans la veritable Phyfique, ces deux grands Hommes feront dans tous les fiécles infiniment au-deffus de M. Hugens.

En faifant reflexion fur ces paroles de mon Memoire, outre qu'il ne fe-roit peut-être pas impoffible d'y ajoûter une Cycloïde, c'eft-à-dire, de trouver un moyen de rendre les grandes & les petites vibrations Ifochrones, je me fuis apliqué à le chercher, & j'ai trouvé un nouveau principe de jufteffe & de régularité, qui étant joint à une Horloge à Balancier, la ren-dra plus jufte qu'une femblable à fpiral. M. Sully dit qu'ayant mis fur une Montre une double force motrice, elle l'a fait avancer de fix heures en vingt-quatre, & qu'une Pendule à fecondes n'eft avancée que d'une feule minute, d'où il conclut que celle-ci a trois cens foixante fois plus de difpofition à être jufte que l'autre. Le nouveau principe que j'ai imaginé aprochera de cette perfection. Une Montre reglée par fon moyen n'avancera que de quelques minutes en vingt-quatre heures, en augmentant la force motrice.

La jufteffe de ce nouveau principe eft fondée fur les proprietez de la Cy-cloïde, les Demonftrations en font dans le Livre *de Horologio Ofcillatorio.* Il eft évident qu'une boule qui rouleroit dans un baffin circulaire, n'auroit pas fes allées & venuës Ifochrones ; mais fi ce baffin étoit d'une figure Cy-cloïdale, les grandes & les petites fe feroient dans un tems précifément égal. Ce nouveau principe a quelque raport à cette boule ; ceux qui ont le génie inventif pourront facilement le deviner. Supofé que les experien-ces confirment ce que je dis, il redonnera à cette ligne courbe & curieufe l'honneur & l'ufage que je lui ai ôtez par l'introduction des petites vibrations.

tions dans les Pendules. Cette Invention surpassera en utilité le Ressort spiral, & l'usage en sera plus étendu. La pratique en est aisée, & les Horlogeurs y parviendront plutôt en tâtonnant & par l'experience, que par une voye Geometrique, avec cette difference, qu'ils réüssiront dans celle-ci, au lieu que la Cycloïde qu'ils mettoient dans les Pendules, n'etoit qu'en aparence. La figure qu'ils feront, pourra bien n'être pas une exacte Cycloïde : la Nature ne suit pas toûjours les Idées & les Démonstrations des Geometres, mais il n'importe, pourvû que les Ouvriers fassent des Horloges maritimes, dont la justesse soit égale à celle des Pendules Astronomiques, & que par leur moyen on puisse avoir connoissance des Longitudes, ce sera l'essentiel, *Hoc Opus, hic Labor est.* Ils pourront aussi apliquer ce nouveau Principe aux Montres de poche, qui seront plus justes étant en repos, mais non pas à la Chasse, en Poste & dans l'agitation, à cause des contre-coups & des secousses qui augmentent ou diminuent le frottement des Pivots, & s'oposent au mouvement naturel du Balancier; inconvenient auquel je doute que l'on puisse jamais remedier. Heureusement cette grande justesse n'est pas necessaire dans ces petites machines; il suffit que la Montre d'un Astronôme soit juste pendant quelques heures pour ses Observations, & que celles des particuliers ne s'écartent que de quelques minutes en 24. heures.

Il n'en est pas de même d'une Horloge de Mer, pour connoître les Longitudes; une exacte justesse y est absolument requise, il faut qu'elle soit aussi juste que la meilleure Pendule à secondes sur terre, pour sçavoir l'heure juste dans le lieu d'où on est parti, ce qui a donné lieu à quelques uns de croire qu'il sera impossible d'y parvenir. Quand l'agitation d'un Navire n'arrêteroit pas le mouvement d'une Pendule excellente, elle ne pourroit servir à connoître la Longitude, parce qu'en changeant de Latitude, quelques-uns prétendent qu'il faut changer la longueur du Pendule, & que cela est confirmé par plusieurs experiences. Cet inconvenient ne se rencontre point dans les Horloges à spiral ni dans celles qui seront reglées par le nouveau Principe de justesse que j'ai imaginé.

Il ne suffit pas d'avoir dans un Navire de petites Pendules à Bouteille qui marquent les Secondes sur un Cadran particulier; une Horloge pour la mer doit battre les Secondes, c'est-à-dire, que chaque vibration du Balancier doit être précisément d'une Seconde. Je n'en ai jamais vû de cette maniere que celle que j'ai fait faire autrefois. Personne n'ignore que les Pendules à demi Secondes & au dessous n'ont pas la justesse des Pendules Astronomiques; il en est de même des Horloges à spiral; plus leurs vibrations seront lentes, le Balancier pezant, & le Ressort ferme & roide, plus elles seront justes.

Il y a prés de cinquante ans que j'ai reconnu l'inutilité de la Cycloïde que tous les Sçavans reconnoissent aujourd'hui, ce qui me donna occasion d'inventer un Balancier à longues Palettes en 1675. M. du Hamel dans son Livre intitulé, *Regiæ Scientiarum Academiæ Historia*, page 152. en parle de cette maniere : *Sub idem tempus, Vir Doctus D. de Haute-Feuille proposuit novum & à se repertum Horologii Libratorem, ab usitato in eo diversum, quod duæ palmulæ sibi mutuo sint oppositæ & parallelæ, eæque trunco Libratoris ad perpendiculum insistentes, majorem in Pendulis motus æqualitatem existimabat.*

Je ne me suis point trompé dans mon estime. On a imité en Angleterre ce Balancier, en changeant la Roüe de Rencontre, & mettant en sa place une Roüe à Rocher, avec un Arc ou portion de cercle, sur l'Axe duquel la Fourchette est attachée, qui produit le même effet. La construction de ces Balanciers a donné lieu aux *Sçavans* d'examiner la difference de justesse entre les grandes & les petites Vibrations dans les Horloges, & de donner la préference à celles-ci. On m'a écrit qu'un habile Geometre en parlant sur ce sujet dans une Assemblée publique à Paris, avoit dit que M. de Haute-Feüille étoit l'Exterminateur de la Cycloïde & l'Introducteur des petites Vibrations.

NOUVEAU BALANCIER,
qui fait les Oscillations tres-petites.

DEpuis ce tems-là j'en ai inventé un autre plus simple, plus facile à pratiquer, & qui rend les Vibrations d'une tres-petite étenduë. Pour en avoir quelque idée, imaginez-vous un Balancier sans Palettes, qu'il a dans son milieu un traversant dont la longueur est égale au diametre de la Roüe de Rencontre, fixement attaché en forme de croix, directement au dessus du Pivot, ensorte qu'il peut hausser ou baisser, comme les bras d'une balance, ses deux extremitez entrant de chaque côté au fond des dents, haussent & baissent alternativement de la profondeur d'une dent, ce qui fait que la verge attachée à cet Axe, au bas de laquelle est la Lentille, parcourt un tres-petit espace.

Je suprime la Fourchette à la maniere d'Angleterre. Dans un des deux voyages que j'y ai fait en 1686. & 88. j'en aportai une Pendule à repetition qui me sert actuellement, dans laquelle l'arbre du Balancier n'a qu'un pivot; celui qui porte la Lentille est fait en triangle, aigu par le bas, qui apuye sur une fente, ce qui en rend le mouvement plus facile. L'arbre & la verge sont d'une seule piéce; j'y ai fait mettre de longues palettes d'environ huit lignes, ce qui soulage beaucoup le Ressort, & la rend bien plus juste, quoique le poids de la Lentille ait été considerablement augmenté.

Feüe Madame la Duchesse de Mazarin m'a envoyé en present une Montre, dans laquelle il n'y a qu'une seule aiguille qui marque l'heure & la minute, toûjours proches l'une de l'autre, qui s'aperçoivent d'un coup d'œil : au lieu

que dans les Montres à deux aiguilles, il faut les chercher quelquefois l'une
en haut & l'autre en bas. Ce font de petites & legeres perfections, qui
font connoître l'induſtrie & l'aplication des Horlogeurs de ce païs là. J'ai
entretenu à Londres ceux qui les ont inventées, avec le ſecours & les in-
ſtructions des Sçavans que j'y ai connus.

Il eſt viſible qu'avec ce Balancier dont les Palettes font diſpoſées en forme
de croix, la Roüe de Rencontre doit tourner dans un ſens contraire, à
cauſe de l'inclinaiſon de ſes dents, laquelle en facilite le mouvement qui ſe
fait en gliſſant; elles pourront être formées en Ondes ou par un Arc d'Epicycloïde, ſuivant l'idée de M. de la Hire.

Quelque peſanteur que puiſſe avoir la Lentille, une force motrice tres-
foible eſt capable de lui continuer ſon mouvement, parce qu'elle décrit
une ligne preſque droite, s'éleve tres-peu au-deſſus du niveau, & ne parcourt qu'un tres-petit eſpace. Dans l'eſſai que je fis de mon Balancier en
1674. je mis à la place de la Lentille qui peſoit huit ou dix onces, un
Boulet de Canon peſant ſept ou huit livres; ſon mouvement étoit continué
par la même force motrice, & il ne fut point neceſſaire d'y ajoûter du
poids. J'eus la penſée d'y mettre un poids de cent livres qui ſe preſenta à
ma vûë d'une figure aſſez convenable; mais l'apui qui le devoit porter ſe
trouvant trop foible, je ne pûs me ſatisfaire.

Quelque inegalité qu'ayent les dents d'une Horloge; quelque changement
qu'y produiſent le chaud, le froid, & les autres qualitez de l'air, il n'en
arrivera aucun dans le mouvement d'une Lentille tres-peſante, toutes les
vibrations ſeront parfaitement Iſochrones, parce que les grandes & les petites ſont preſque égales en largeur, & qu'en doublant la force motrice, on
n'y peut apercevoir qu'une tres-petite difference. Ce Balancier ſervira à faire
mouvoir la Lentille dans l'eau & en d'autres liquides, & même à imaginer
des experiences qui donneront de nouvelles lumieres dans la Phyſique.

Quoique le nouveau Principe de juſteſſe que j'ai inventé pour la meſure
du tems me paroiſſe excellent & devoir être tres-utile; quoique l'experience, qui eſt la Pierre de Touche & le Tribunal ſouverain des Inventions
nouvelles, ſoit facile & de peu de coût, je n'en ai cependant voulu faire
aucun eſſai, parce que je ne pouvois me diſpenſer d'en déclarer la conſtruction à un Horlogeur, qui auroit pû l'aprendre à d'autres, & ceux-ci l'é-
crire dans les Païs étrangers; quelqu'un ſe ſeroit attribué cette Invention,
& l'ayant publiée le premier, il m'en auroit ôté l'honneur. C'eſt une mauvaiſe manœuvre de dire qu'on avoit inventé une choſe après qu'un autre
l'a publiée; il eſt preſque impoſſible de le prouver par des raiſons con-
vaincantes.

Je n'en aſſure point la parfaite réüſſite, quelque évidente qu'elle me pa-

roiffe ; je fçai que la nature & la matiere fe mocquent fouvent des Geo-
metres. J'ai oüi dire à un Academicien, que M. de Roberval propofa une
Invention, dont les Demonftrations étoient fi évidentes, qu'aucun de fes
Confreres n'eut rien à y objecter. La Compagnie jugea convenable d'en
faire faire en pleine affemblée l'experience, qui ne réüffit point, au grand
étonnement de l'Inventeur, lequel en fut tellement furpris, qu'il demeura
un tems confiderable en extafe, regardant de travers & en colere la Machine. M. l'Abbé Picard qui s'en aperçût le premier, le fit remarquer aux
autres : Voyez M. de Roberval qui dit des injures & fait des reproches à
la nature, d'être contraire aux Demonftrations de la Geometrie.

Une infinité d'experiences ont fait connoître que des Inventions qui d'a-
bord paroiffoient devoir réüffir, ont eu un méchant fuccés ; que d'autres
qui étoient douteufes & ont manqué dans les premiers effais, ont été por-
tées à leur perfection. Il ne faut pas toûjours méprifer & abandonner une
idée qui ne fatisfait point dans les commencemens, la caufe & les défauts
ne s'aperçoivent qu'avec le tems ; l'Inventeur & ceux qui après lui s'apliquent à la perfectionner, n'y remedient qu'en faifant un grand nombre
d'experiences qui coûtent beaucoup, ne raportent aucun profit & feulement un vain honneur, une legere fatisfaction d'être utile au Public & à
la pofterité ; c'eft la raifon pourquoi fi peu de gens s'apliquent à la recher-
che des Inventions nouvelles.

J'en puis parler avec connoiffance de caufe ; j'ai eu dés ma jeuneffe une
inclination naturelle pour la Phyfique experimentale, & pour les Mathematiques en general. Confiderant qu'il m'étoit impoffible d'exceller dans
toutes les parties de ces fublimes Sciences, j'ai choifi les mechaniques,
parce que les découvertes que l'on y peut faire, font beaucoup plus utiles
au Public, que celles de l'Algebre, de la fine Geometrie, &c.

J'ai fait depuis plus de cinquante ans quantité d'effais & d'experiences
fur differens fujets. J'ai eu le bonheur d'y trouver plufieurs chofes utiles ;
j'y ai employé chaque année mon revenu, & une partie du fond, cependant je n'en ai retiré aucun profit, ni reçû la moindre gratification. Supofé
que ce nouveau Principe de régularité foit utile au Public, qu'il puiffe
donner la jufteffe des Pendules aux Horloges maritimes ; n'y auroit-il pas
de l'équité que l'on m'accordât quelque récompenfe ? j'ai tant reçû d'in-
juftices pendant ma vie fur differents fujets & par differentes perfonnes,
que je n'ofe l'efperer.

Celle qui m'a été la plus fenfible, eft l'empêchement que M. de la Hire
a mis à ma reception dans l'Academie des Sciences ; la haine, l'envie &
la jaloufie qu'il a toûjours euës contre moi, depuis que j'ai prouvé par plufieurs experiences qu'il s'étoit trompé fur la conformation de l'œil, en re-

gardant des objets proches & éloignez , dans fa Differtation qu'il envoya à l'Auteur du Journal des Sçavans en 1685. De tres-habiles gens font perfuadez que les Inventions nouvelles que j'ai publiées , devoient m'avoir procuré l'entrée de cette Compagnie , que j'ai ambitionné dés ma jeuneffe , & fait mes efforts pour meriter d'en être. Meffieurs de l'Academie Royale des Belles Lettres , Sciences & Arts de Bordeaux me firent l'honneur de m'affocier dans leur Compagnie , lorfqu'ils accorderent à ma Differtation fur l'Echo , la Medaille d'Or , que Monfeigneur le Duc de la Force , qui en eft le Protecteur , y a fondée à perpetuité.

Le Privilege que M. Hugens avoit obtenu m'apartenoit legitimement , ou du moins la moitié du profit , au fentiment de toutes les perfonnes de probité , que j'aurois employée à faire des effais & des experiences qui auroient été utiles au Public & à la pofterité. J'y ai perdu le plaifir de les executer , la fatisfaction d'en voir le fuccés , & l'occafion d'inventer plufieurs chofes , aufquelles on ne penfera peut-être de long-tems.

Il eft dit dans l'Eloge de M. de la Hire , que certaine fatalité veut qu'entre les Inventions nouvelles , il y en ait peu d'utiles , & entre les utiles peu de fuivies. Je ne connois en cela aucune fatalité. On ne doit pas s'étonner fi les Inventions utiles font en petit nombre , prefque tous ceux qui s'apliquent à inventer , ne cherchent que des chofes lucratives pour eux-mêmes , & ne penfent au Public qu'indirectement. Ceux qui pour leur plaifir s'apliquent à faire des découvertes , & à chercher des Inventions nouvelles , s'ils ont le bonheur d'en trouver quelqu'une utile au Public , foit qu'ils en ayent fait des experiences ou non , ne voyant point d'aparence d'en profiter , ni même d'en retirer leurs frais , prennent la réfolution de les laiffer périr ; il y en a malheureufement plufieurs qui ont été perduës de cette maniere. J'ai connu des Artifans à qui cela eft arrivé , & un entr'autres , qui fans fcience & avec un génie naturel , a trouvé plufieurs Inventions dans les Arts & pour la Guerre , qu'il n'a jamais voulu déclarer. On aperçoit en plufieurs endroits du Livre de M. Sully une reticence & le deffein formel de s'expliquer obfcurement , & de ne point donner connoiffance des Inventions dont il parle. L'intereft feul fait agir les Ouvriers & prefque tous les hommes.

Les découvertes d'une grande utilité font toûjours mifes un ufage lorfqu'elles font connuës ; celles qui ne font que curieufes font rarement pratiquées , telles que les dents des Roües de la Machine à élever l'eau que M. de la Hire fit faire dans le Château de Beaulieu , formées en maniere d'Ondes par un Arc d'Epicycloïde. Il n'eft pas furprenant que cette aplication des lignes courbes & curieufes de la Geometrie aux Mechaniques , n'ait été executée que cette feule fois là , parce que le travail des Ouvriers eft plus long , leur peine plus grande , auffi-bien que le coût , & le profit ou l'utilité tres-médiocres.

GNOMON SPECULAIRE.

LEs Aftronômes pour regler leurs Pendules & connoître l'heure de Midi jufte, prennent devant & après des hauteurs du Soleil correfpondantes , ou fe fervent d'un Gnômon élevé le plus qu'ils peuvent. Ces operations font difficiles, exigent de grands Inftrumens, & conviennent peu aux Horlogeurs & aux Curieux. Dans les Cadrans au Soleil qui marquent les Minutes une à une, elles font fort preffées proche midi , & difficiles à diftinguer. L'ufage d'un Gnômon Speculaire me paroît plus fimple & plus commode. C'eft un Miroir plan de metal ou de verre, attaché fixement fur une fenêtre expofée au midi, qui reflechit la lumiere au plancher ou en tel endroit que l'on veut , en l'inclinant plus ou moins. J'y en mets plufieurs pour mon plaifir, que je fais reflechir en differens endroits. Si lorfqu'il eft midi ou aprochant, on fait une marque fur la lumiere , elle fe trouvera le lendemain à la même heure dans le même endroit , & feulement un peu plus ou moins élevée ; en tirant une ou deux lignes perpendiculaires, & en attachant des fils avec des poids, la lumiere fe trouvera deffus toute l'année à l'heure de midi. Il fera facile d'apercevoir après quelques jours, fi elle a été faite lorfque le Soleil étoit précifément dans le Meridien, & de la rectifier , en faifant des marques devant & après midi, & divifant l'efpace en deux. La diftance du miroir à la lumiere pouvant être de 10. 20. ou 30. pieds & davantage , la précifion fe trouve beaucoup plus grande qu'avec le meilleur Cadran au Soleil , & même qu'en fe fervant de quelques Inftrumens aftronomiques.

DESCRIPTION D'UN INSTRUMENT,
qui donnera lieu aux Peintres de faire leurs Ouvrages plus parfaits.

EN confiderant un Peintre qui faifoit le portrait d'une perfonne, je remarquai qu'il travailloit de fa feule imagination , & qu'il n'avoit aucune regle certaine pour faire fon Ouvrage , & pour juger s'il étoit bien proportionné dans toutes fes parties. Ceux qui fe font apliquez à ce bel Art, ont reconnu cet inconvenient, & ont tâché d'y remedier par un Treillis divifé en plufieurs petits carreaux qu'ils mettent fur l'objet. Les plus habiles ne s'en fervent point, parce qu'on ne peut l'apliquer fur le vifage de la perfonne, & difficilement fur les Tableaux fans les gâter. Il faudroit pour la perfection que ce Treillis fut dans le fond de l'œil du Peintre. Bien des gens ne manqueront pas de croire que cela eft impoffible ; mais s'ils veulent s'en informer aux

Aſtronômes, ils aprendront que l'on peut faire un Inſtrument qui formera un Treillis dans le fond des yeux , & diviſera les objets regardez en pluſieurs petits carreaux. Il conſiſte dans la fabrique d'une Lunette particuliere ; celles qui ſervent à regarder les objets éloignez ne conviennent point aux Peintres , & encore moins les Microſcopes. Cette Lunette ne doit augmenter les objets que tres-peu, mais les rendre plus clairs, plus diſtinèts, & ſurtout les diviſer en pluſieurs petits carreaux dans le fond de l'œil , par le moyen d'un Micrometre , ayant ces figures, fait avec des fils de Ver à ſoye, ou avec un Verre plan , ſur lequel on aura fait avec un diamant des traits fort fins. Ils pourront même ſe ſervir utilement d'un Binocle.

Ces choſes ſont connuës & en uſage dans l'Aſtronomie , pour des Operations fort éloignées de la Peinture. Ceux qui exercent ce bel Art n'en ayant point connoiſſance , il leur eſt impoſſible d'y penſer. M. de la Hire qui avoit été Peintre avant que d'être Aſtronôme , pouvoit facilement l'inventer , mais il n'en a pas eu la reminiſcence , ou pour parler plus juſte, il ne s'en eſt point aviſé , non que cela fut fort difficile à lui qui ſe ſervoit tous les jours de la Lunette & du Micrometre , puiſqu'il ne s'agit que d'apliquer l'uſage de ces deux Inſtrumens à l'Art de la Peinture. Deux idées peuvent être fort proches l'une de l'autre dans l'eſprit d'un homme, qui ne penſera jamais à les unir. C'eſt cette union qui fait les Inventeurs , & non point la reminiſcence.

J'ai auſſi remarqué qu'en quelques Arts & Métiers , certains Outils y ſont inconnus qui y ſeroient fort utiles , leſquels ſont en uſage en d'autres ; mais il faudroit les changer de petit en grand & de grand en petit. Je l'ai propoſé à des Ouvriers qui en ſont convenus ; mais quoiqu'ils y euſſent intereſt, ils n'ont pas voulu s'éloigner de leur routine ordinaire, & encore moins faire à leurs dépens des eſſais & des experiences , dont les autres profiteroient plus qu'eux , ou du moins autant. En cela ils ont quelque raiſon ; c'eſt aux Academies des Sciences à les faire, aux riches curieux, & à ceux dont le génie eſt propre à perfectionner les Arts. C'eſt aux Souverains, aux Princes , aux grands Seigneurs à y contribuer par leurs liberalitez. Quelques-uns y ont aſſez d'inclination, & en ont donné des preuves. Je n'ai jamais trouvé perſonne qui ait voulu m'aider, & contribuer à faire les eſſais & les experiences de pluſieurs Inventions que j'ai imaginées. Il eſt vrai que j'ai demandé foiblement , & parlé de la réüſſite avec incertitude ; les hableurs font tout le contraire.

Vous ſçavez que j'ai eu deſſein de commencer l'établiſſement d'un Profeſſeur des Mathematiques dans Orleans , toutes choſes étoient diſpoſées pour cela , le Contrât en avoit été dreſſé par un Notaire , & il étoit prêt d'être ſigné. Je donnois ma maiſon ſciſe dans le Martroy de cette Ville, franche & quitte de toutes chofes, chargée feulement de quatre deniers de Cens, loüée par an deux cens livres, à condition qu'il y auroit un Profeffeur qui enfeigneroit en Latin & en François chaque partie de ces Sciences alternativement & à fon choix, trois ou quatre jours la Semaine, jufqu'à ce que d'autres Amateurs de ces utiles connoiffances euffent augmenté les apointemens de ce Profeffeur. Ma donation n'a point été acceptée, parce que le revenu de cette maifon eft trop modique, & ne peut fuffire à l'entretien d'un habile homme, ni lui fournir les Livres, les Inftrumens, & toutes les chofes neceffaires à un Mathematicien & Philofophe, pour faire fes experiences en public.

J'efpere quelque jour achever cette Fondation dans toute fon étenduë. particulierement fi fon Eminence Monfeigneur le Cardinal du Bois me fait rendre le fixiéme de ma penfion dont le feû Roy m'a gratifié fur l'Archevéché de Cambray, que l'on m'a retenu depuis la mort de M. de Fenelon, qui me l'a fait payer pendant vingt années fans aucune diminution, parce qu'il eft dit dans le Brevet que lefdites penfions font franches & quittes de toutes charges ordinaires & extraordinaires. M. l'Abbé d'Eftrées & M. le Cardinal de la Tremoille m'ont fait l'honneur de m'écrire qu'ils me feroient rendre ce fixiéme retenu, auffi-tôt qu'ils auroient pris poffeffion : la mort les a prévenus. Un des principaux Confeillers d'Etat m'a écrit que Monfeigneur le Cardinal du Bois étoit bien intentionné pour moi, ainfi j'ai lieu d'efperer que je ferai payé de cette fomme. Si je la reçois, & quelques-autres qui me font dûës ; je confommerai cette affaire, & j'aurai foin de vous en informer. Je fuis fincerement,

MONSIEUR,

Vôtre tres-humble & tres-obéïffant
Serviteur,
L'Abbé DE HAUTE-FEUILLE.

A Orleans, ce
Juin 1 7 2 2.

Ouvrages imprimez du même Auteur.

EXplication de l'effet des Trompettes parlantes , 1674. *In Quarto* , 16 pages.
Factum touchant les Pendules de poche , contre M. Hugens , 1675. 20. pag.
Pendule perpetuelle , & la maniere d'élever l'eau par le moyen de la Poudre à Canon ,
&c. 1678. 20. pag.
Defcription d'une nouvelle Lunette & d'un Niveau tres-fenfible , 1679. 12. pag.
L'Art de refpirer fous l'eau , & le moyen d'entretenir la flamme enfermée dans un petit
lieu , 1681. 20. pag.
Reflexions fur quelques Machines à élever les eaux , &c. 1682. 16. pag.
Invention pour fe fervir des longues Lunettes fans tuyaux , 1683. 12. pag.
Lettre fur l'ufage des Billets du Roy dans le public , 1694. 8. pag.
Sentiment fur le differend du P. Malebranche & de M. Regis , touchant l'aparence de
la Lune vûë à l'Horizon , 1694. 8. pag.
Moyen de diminuer la longueur des Lunettes d'aproche , &c. 1697. 10. pag.
Machine Loxodromique , &c. 1701. 12. pag.
Balance Magnetique , &c. 1702. 10. pag.
Microfcope Micrometrique , Gnômon Horizontal , &c. 1703. 30. pag.
Deux Problêmes de Gnômonique à réfoudre , 1704. 4 pag.
Explication de la Figure pour remonter les Batteaux contre le courant des Rivieres ra-
pides , 1704. 4. pag.
Placet au Roy fur les Rames , 1705. *Folio* , 4. pag.
Placet au Roy fur les Longitudes , 1709. *Folio* , 4. pag.
Figure des Objectifs Poliedres & Spheriques à plufieurs Centres, 1711. *L'Explication
n'a point été imprimée.*
La Machine arpentante , 1711. 18. pag.
La perfection des Inftrumens de Mer , 1715. 24. pag.
Inventions nouvelles. Pendule dont le Cadran eft rectiligne , & les heures montrées
par des Statuës ou des Figures qui fe meuvent fur un Plan horizontal , Moulin à
Girouettes , &c. 1717. 10. pag.
Differtation fur la caufe de l'Echo , qui a remporté le prix de l'Academie Royale de
Bordeaux , 1718. *In* 12. 40. pag.
Deux Problêmes d'Horlogerie propofez à réfoudre , 1718. 4. pag.
Nouveau Siftême du Flux & Reflux de la Mer , Thalaffametre , 1719. 20 pag.
Lettre fur le Secret des Longitudes , 1719. 12. pag.
Le Mouvement perpetuel Magnetique , perfection de la Fufée des Montres, 1719. 12. p.
Machine Parallactique , Horloge Elaftique Centrifuge , &c. 1720. 16. pag.
Réponfe au Memoire de M. de la Hire , inferé dans l'Hiftoire de l'Academie des
Sciences de l'année 1717. 1720. 10. pag.
Moyens de faire des Experiences fenfibles qui prouvent le mouvement de la Terre ,
1720. & 1721. 12. pag.